अंतर्मन

आवाज़ उठानी होगी !

डॉ रजनीश कुमार पाण्डेय "ओजस्वी"

BookLeaf Publishing
India | USA | UK

Made with ❤ on the BookLeaf Publishing Platform
www.bookleafpub.in
www.bookleafpub.com

Dedication

मेरे पूज्य दादा जी

स्वर्गीय "रामानुजन पाण्डेय"

व

दादी जी

स्वर्गीय "सरला पाण्डेय"

को

सादर समर्पित।

Preface

तुलसीदास जी रामचरितमानस में लिखते हैं -

"बड़े भाग मानुष तन पावा, सुर दुर्लभ सब ग्रंथन्हि गावा।
साधन धाम मोच्छ कर द्वारा, पाइ न जेहिं परलोक सँवारा॥"

यह काव्यसंग्रह मेरी संवेदनाओं और अनुभूतियों का एक संग्रह है, जो होने न होने, पाने और खोने के बीच का अंतर स्पष्ट करता है। मेरी इक्यावन कविताएं बहते हुए अश्कों और लुटते हुए मन के सबूत हैं। आशा और विश्वास है कि आप सभी सुधीजन मेरी पीड़ा को समझेंगे और अपना प्रेम दुलार देकर मेरा समर्थन करेंगे।

मैं अपने अंतर्मन से विचार करता हूं, तो पाता हूं कि मेरा गुरु सारा समाज ही रहा है, जिससे मैं अनेकों अनुभव और विचार अपने अंतर्मन में धारण कर पाया। मेरे माता-पिता बहुत ही सामान्य और भोले हैं, न उन्हें कुछ छिपाना आता, न मुझे। यह समझ नहीं आता इसे वरदान समझूं या अभिशाप!

दुनिया की रीति रिवाजों, तौर-तरीकों को मैं आज तक नहीं सीख पाया। कोशिश भी करूं तो कुछ न कुछ गड़बड़ कर ही देता हूं, बस यही चूक मेरी कविताओं का आधार है। कभी कभी चूक करना मेरे लिए फायदे का सौदा हो जाता है। संवेदनावश एक - दो कविताएं लिख लेता हूं। कविता भी किसके लिए लिखता हूं? जिसके लिए लिखता हूं, वह पढ़ना ही नहीं चाहता!

सच कहूं तो अधिकांश कविताएं और कविताकार दोनों मनोरंजन और चारण के साधन बन गये हैं, ऐसी परिस्थिति में अपने आपको अकेला पाता हूं। बहुत विरले हैं जो यथार्थ और राष्ट्रीयता को परिलक्षित कर लिखते पढ़ते हैं।

असंवेदनशीलता चरम पर है, लोग अपने आर्थिक और सामाजिक उन्नति में लगे हैं। आत्मा-परमात्मा, पाप- पुण्य, अच्छाई बुराई इन बातों का चिंतन अब नहीं रहा या बहुत कम हो गया है। भोग विलास की वस्तुएं जुटाना मनुष्य जाति और इस धरा के लिए कितना हितकर होगा यह विचारणीय है!

कभी मित्रों से आहत होकर तो कभी घर - परिवार या रिश्तेदारों की असंवेदनशीलता के कारण ही मैं लिख पाया हूं। लिख इसलिए पाया हूं कि ईश्वर ने एक संवेदनशील मन और हृदय दिया है, सोचने समझने की क्षमता दिया है।

डॉ रजनीश कुमार पाण्डेय "ओजस्वी"

Acknowledgements

मन को जो भी सहारा दे, वह भी जीवन का बहुत बड़ा आधार है। मुझे बड़ा करने में मेरे माता-पिता, दादा-दादी, चाचा -चाची, साथ में पढ़ने वाले दोस्त,समान विचारधारा वाले देशभक्त स्वयंसेवकों का भी बड़ा उपकार है।

जिंदगी किसी एक के सहारे नहीं चलती ! माता- पिता, भाई परिवार, दोस्त और समाज, सबका आधार ही जिंदगी का आधार है। संवेदनशील

मेरा मानना है कि जिन्होंने मेरी उपेक्षा की, अपमान किया, छल किया, वह भी अपरोक्ष रूप से मेरे मददगार हैं, किंतु सबसे महान है, यह भारत देश, जो शस्य श्यामला है, जो सारी संस्कृतियों और विचारधाराओं को समान अवसर देता है।

देश की माटी और उसके पोषक तत्व, इसकी सुखद, शीतल हवा और जलवायु, यहां के प्रेरणादायी सुंदर तीर्थस्थल जो मन को सुखद एहसास से भर देते हैं। इस राष्ट्र के महान चिंतक व देशभक्त जिन्होंने इस देश को गढ़ा है, उनका ऋण उतारना असंभव है।

"क्षिति जल पावक गगन समीरा। पंच रचित यह कदम शरीरा।।"
सर्वशक्तिमान ईश्वर और पंचतत्व जिनसे हमारा पंचभूत शरीर बना है, को अंतर्मन से प्रणाम निवेदित करता हूं। सारा धन्यवाद ईश्वर को जाता है, जिसने मुझे अंतर्मन से परिस्थितियों को देखने, समझने लायक बनाया।

धन्यवाद मेरे माता-पिता और परिवार को जिसने मुझ जैसे अकड़ू

आदमी को झेला ही नहीं, स्नेह व सम्मान भी दिया। सारा स्नेह और प्रेम मेरे मित्रों, शुभचिंतकों को, जिन्होंने मुझे सम्हाला, सहारा दिया और हौसला बढ़ाया। मैं मित्रों के मामले में बहुत भाग्यशाली हूं, ईश्वर मेरे जैसे मित्र सभी को दें, तो दुनिया खूबसूरत हो जाएगी।

उन आत्मीय जनों को जिन्हें मैं ठीक से जानता तक नहीं किंतु वह सच्चे मायने में हितैषी और देशभक्त हैं, उन्हें प्रणाम और धन्यवाद दोनों निवेदन करता हूं।।

डॉ रजनीश कुमार पाण्डेय "ओजस्वी

1. धन्यवाद हे ईश्वर तुमको !

धन्यवाद हे ईश्वर तुमको,
तुमने इस जीवन को जाया,
घन्यवाद इस हेतु प्रभू की,
जन्म मरण भारत ही पाया।

धन्यवाद की सुंदर काया,
स्वस्थ मस्त धरती में आया।
धन्यवाद की मिला सनातन,
रामकृपा मुझ पर बरसाया।

काम मिला जो बेहद सुंदर,
बच्चों की बगिया चमकाया।
साथ मिला जिन स्वजनों का,
सबने मुझको गले लगाया।

धन्यवाद हे नाथ तुम्हें हो!
तुमने सबके योग्य बनाया।
धन्यवाद जो ह्रदय को मेरे,
देशप्रेममय सरल बनाया।

धन्यवाद की जो मैं स्वजनों,
और देश के काम भी आया।
धन्यवाद हे जग के मालिक,
तुमने जीवन सफल बनाया।।

2. तुम अब भी न बोलोगे?

हे ईश्वर तुम कितनी परीक्षा लोगे!
जब टूट जाएगा मानवता का दिल,
क्या तब उनका साथ दोगे।।
हे ईश्वर तुम कितनी परीक्षा लोगे!

अनाचार अत्याचार जगत का,
किसे मिटाना आता है।
कौन यहां पर देश प्रेम की
ज्योति जलाने आता है।
अनाचार जब सीमा लांघे!
क्या तुम तब अवतार लोगे?
हे ईश्वर तुम कितनी परीक्षा लोगे!

खाल ओढ़कर बैठा भैड़िया!
सज्जनों के हांथ बेड़ियां।
मिटे पाप की जब सीमाएं,
क्या तुम तब दर्शन दोगे?
हे ईश्वर तुम कितनी परीक्षा लोगे!

लूट रहे हैं बहन बेटियां!
काट रहे हो निर्मम बोटियां,
धिक्कार रहा जन मानस है जब,
तब भी तुम क्या चुप बैठोगे?
हे ईश्वर तुम कितनी परीक्षा लोगे!

सब कुर्सी की आड़ में होता!
कहीं बड़ा न कहीं पे छोटा,
संस्कारों की उड़ रहीं धज्जियां,
क्या तब भी तुम मृदु बोलोगे?
हे ईश्वर तुम कितनी परीक्षा लोगे!

नहीं बचा अब भाई चारा!
रिश्तों का है न्यारा ज्वारा,
मक्कारी घुस गई दिलों में,
क्या तुम अब भी न बोलोगे?
हे ईश्वर तुम कितनी परीक्षा लोगे।।

23. कोई खुदा नहीं लगता !

झुकाना शीश भी देश की खातिर,
मुझे तो बुरा नहीं लगता,
यहां कोई किसी से जुदा नहीं लगता,
वक्त पाएं तो सनातन को विचारें,
अपने भीतर और बाहर निहारें,
धर्म के ठेकेदार हैं बहुत मगर!
यहां कोई किसी का खुदा नहीं लगता।

जाने बातें पुरानी चार पुस्तों की,
बड़े बुढो़ की, देश के हिस्सों की,
सुनें - सुनाएं बात और जज्बात रिश्तों की।
हिस्से में किसके सूरज चांद नहीं पड़ता।

सभी ने वृक्ष पूजे हैं, सभी ने दूध पाया है।
निरर्थक ही किसी ने, गौ को मार खाया है।
वक्त बीते तो अपने भी पराये लगते हैं,
निरर्थक ही किसी नें, अलग राग गाया है।

बडी़ मेहनत से निकलती है, घी की एक बूंद!
लंबे अरसे बाद, सब चट कर जाती है फंफूद!
यहां भेदिए को कोई फर्क नहीं पड़ता,
जमाना दुश्मन है हमारी एकता का,
हम सदियों पुरानी लिए बैठे हैं जड़ता।

बचाने देश मै उनके चरण चाट लूं,
अपने हिस्से की खुशी मैं उनसे बांट लूं,
अपनी एकता ही राष्ट्र प्रेम की कसौटी है,
मुझे यहां कोई पराया नहीं लगता।।

24. हंसना सीखो !

दु:ख में भी खुश रहना सीखो,
अपमान सहन कर हंसना सीखों,
पेड़ों में भी पतझड़ फिर फल,
सदा एक सा रहना सीखो।

भले अभेद्य हो दु:ख का कारण,
कुछ न कुछ तो कहना सीखो,
परिवर्तन अकाट्य सत्य है,
मौसम के संग ढलना सीखो।

बाधाओं, दुर्गम राहों में,
धैर्य धार पग धरना सीखो,
जैसी भी हो कठिन परिस्थिति,
उसमें खुद ही ढलना सीखो।

आदर्श दूर लक्ष्य कठिन भले हो,
अविचल निरंतर चलना सीखो।
पी जाएं भले तुम्हें धरातल,
झरने सा नित बहना सीखो,
दु:ख में भी खुश रहना सीखो।

3. जिंदा होगा तो बोलेगा !

जब सांसें रुक जाती हैं,
आदमी कुछ नहीं बोलता!
कितना भी उकसाओ,
गालियां दों या प्रशंसा करो,
मुंह तक नहीं खोलता।
कितना भी रोओ या हंसो,
चुटकियां लो या तंज कशो,
आंख तक नहीं खोलता।
मुर्दा आदमी यही करता है।

आदमी जिंदा होगा तो बोलेगा!
कभी सच तो कभी झूठ में मुंह खोलेगा।
वह कभी गर्व से झूमेगा,
तो कभी शर्म से डूबेगा।
कुछ सुनेगा तो कुछ कहेगा,
कभी रोएगा तो कभी हंसेगा।

आदमी रोबोट नहीं हो सकता!
रोबोट स्वेच्छा से कुछ नहीं करते,
दिन रात दौड़ते रहते हैं,
अपनी मौत भी नहीं मरते।
अब का आदमी मुर्दे की तरह है,
या रोबोट की तरह, कहा नहीं जा सकता!

भय, लालच या अभाव!
आदमी को चुप नहीं करा सकते।
वह चुप होता है अन्तर्मन से,
जब थक हार चुकता है जीवन से।

जानवर भी कुछ न कुछ बोलते हैं।
कभी सींग तो कभी लात हिलाकर ,
दिल के राज खोलते हैं।
पेड़ पौधे जरूर नही बोलते हैं!
तकलीफें चुपचाप सहन कर लेते हैं,
आग में जलाएं या कुल्हाड़ी से काटे,
बदले में सदा फल ही देते हैं।

कुछ पौधे भी हैं जो कांटे रखते हैं,
तभी तो हम उनकी जान बख्सते हैं।
काश ! वो बोल पाते,
तो कुल्हाड़ी की मार से पहले शोर जरूर मचाते।
जिंदा आदमी को बोलना चाहिए!
जरूरत में मुंह खोलना चाहिए।

वीर शिवा हों या रानी लक्ष्मीबाई,
या फिर हल्दीघाटी की लड़ाई।
यह उनके बोलने का परिणाम है।
वरना मौन बने रहना आम है।
जिंदा आदमी बोलता है,
उठाकर कलम या तलवार!
नये नये रास्ते खोलता है।।

25. तुम तो ऐसा नहीं करते !

कम से कम तुम ऐसा तो नहीं करते,
झूठ को सिर, सच पर पांव नहीं धरते।
तुम्हारी आंख का तारा मुझे बनना नहीं आता,
तुम्हारे पैर की जूती मैं बन नहीं सकता।
अगर तुम दिल नहीं मिला सकते,
तो कम से कम आंखें ही मिला देते।
हम अपने दिल के मातम को आंखों ही बयां करते।।

तुम्हारी जीत को ही अपनी जीत बना बैठा,
तुम अपने हाथों से कुछ तो खिला देते।
मैं इतने चैन से सोया था तुम्हारे पैर के नीचे,
तुम्हे बेखबर जाना था पर मुझको तो जगा देते।।

गुस्ताखियां हो भी गयीं अगर मुझसे,
मैं सजदे था मुझको सजा देते।
तुम आम को इमली कहते,
तो मैं भी वहीं कहता!
काश! तुम मुझको पहले बता देते।।

मुझे जिसपर भरोसा था उसी को हार बैठा,
मुझे क्या पता खेल पहले से तय था!
तुम्हारा ही मुझको अंतिम सहारा था,
मैं जैसा था तुम मुझे वैसा स्वीकार करते।
कम से कम तुम ऐसा तो नहीं करते।।

4. बदल रहा हूं मैं!

बदल रहा हूं मैं,!
अक्सर उन बातों पर रहता हूं चुप !
जहां होती है देश के खिलाफ गुपचुप।
बदल रहा हूं मैं!
नहीं बोलता भ्रष्टाचार के खिलाफ,
अनदेखा कर देता हूं कमियां साफ साफ।
बदल रहा हूं मैं!
रहता हूं मौन जब बात हो जाति-बिरादरी की,
कट लेता हूं पहले ही,
जहां संभावना दादागिरी की।
बदल रहा हूं मैं!
सीख रहा हूं चाटुकारिता !
और प्रशंसा की पत्रकारिता।
बदल रहा हूं मैं!
क्योंकि बदलते और ढलते देखा है,
लोगों को हजारों बार,
जिनका देश और समाज से है सरोकार।
बदल रहा हूं मैं!
क्योंकि जिंदगी अब उद्देश्य नही रही,
वह बन गयी है व्यापार।
जिंदगी के हाथों हो गया हूं लाचार।
बदल रहा हूं मैं!
सीख रहा हूं झूठ बोलना और मक्कारी,
जैसे कोई करता है लोकसभा की तैयारी।

मैं भी सीख रहा हूं जिंदगी जीने के अंदाज,
ताकि बचा रहे मेरा कल और आज।
बदल रहा हूं मैं!
थक सा गया हूं लड़ते लड़ते,
बोलते बोलते सच,
माथा जमीन पर रगड़ते रगड़ते।
बदल रहा हूं मैं!
जैसे हार सा गया हूं खुद से,
जैसे भाग रहा हूं युद्ध से,
हो गया हूं कायर या कुछ सीख रहा हूं बुद्ध से।
बस चाहता हूं शांति और सुख,
कोई मुझसे न हो विमुख।
बदल रहा हूं मैं!!

26. फायदा झुकने में है !

अच्छा लिखना भी जरूरी है,
अच्छा दिखना भी जरूरी है।
अगर मिल जाएं दुकानदार अच्छे,
तो अच्छा बिकना भी जरूरी है।

यहां किससे कहें रुखसत,
बांह पसारे अगर कोई झूठा,
तो गले मिलना भी जरूरी है।
कहां किसके इरादे साफ दिखतें हैं।
मन मे भरे चाहे लाख कालिख ,
कीमत सफेदी की है,
साफ दिखना भी जरूरी है।

शहंशाही का रुतबा तज कर ,
बोझ से टूटती हो अगर कमर,
फायदा झुकने मे है,
झुकना भी जरूरी है।

नकलची खेल के मुहाने खड़ा,
कोई कातिल अगर,
भलाई रंग बदलने मे है।
बदल डालो रंग रोगन,
भला अब क्या मजबूरी है।

5. छंछूदर !

आदमी आदमी न रहा!
वह हो गया है दलाल,
चमचा या माई का लाल।
आदमी बन गया है छछूंदर,
कभी झांकता नहीं अपने भीतर।

जो जितना बड़ा कमीना है,
वह उतना ही बड़ा नगीना है।
आदमी आदमी न रहा,
वह बन गया है अधिकारी !
कुछ कम कुछ अधिक व्यापारी।
जैसे हो कोई ठेकेदार सरकारी।।

वह किसी के काम न आ सका,
बनना नहीं चाहता किसी का मरहम,
वह ईलाज भी न बन सका !
बल्कि वह बन गया है बीमारी।।

6. समता या समानता!

तुम चाहते हो!
समता और समानता,
यह है तुम्हारी महानता।
किंतु तुम नहीं चाहते,
कोई तुमसे लड़े या भिड़े,
ना ही कदम उसके हों
तुम्हारे कदमों से बड़े।

तुम चाहते हो!
कोई भी न रहे गरीब,
बढ़े न दूरी, सभी रहें एक दूसरे से करीब।
तुम पाटना चाहते हो खाई,
ताकि आगे बढ़ सके तरुणाई।

तुम चाहते हो! सब कुछ ठीक करना,
देश के लिए जीना और देश के लिए मरना।
तुम चाहते हो! लोगों का स्तर उठाना,
बिना अपना स्तर गिराए।
कि लोग करें वही जो तुम्हें भाए।

कोई बड़ा भी हो तो इतना,
कि तुम्हारे बराबर न खड़ा हो पाए।
तुम चाहते हो! सब कुछ ठीक करना!
बिना खुद को ठीक किए।।

27. सच बोलना अवगुण है !

जब कभी सोचता हूं!
कटुता भरे मन से,
बोली गई मधुर वाणी !
किसका भला करती है?
यथार्थ से दूर लंबे चौड़े वादे!
किसका पेट भरते हैं?

अगर मीठे बोल, मौन और अहिंसा!
जीवन के यथार्थ हैं!
तो क्या त्याग, तप और शौर्य
की गाथाएं व्यर्थ हैं!
निःस्वार्थ सेवा और सच!
अगर किसी के अधीन हैं,
तो क्या मानव सभ्यता आज भी मलीन है।

सच बोलना अगर अवगुण हैं,
तो क्या मीठे, बनावटी झूठे शब्द!
जीवन जीने के असली गुण हैं।
जहां तक मेरी समझ है!
सच तप है, त्याग का पर्याय है!
मीठे सच्चे शब्द अमृत के समान है।
किंतु झूठे बनावटी शब्द,
लोभ और कायरता के निशान हैं।

28. तुम तुम हो ! मैं मैं हूं !

तुम तुम हो और मैं, मैं हूं!
तुम तुम की तरह रहो,
मैं मैं की तरह रहूं,
तुम तुम की तरह कहो,
मैं मैं कि तरह कहूं!

नीम और पीपल दोनों की छांव,
देती है शीतलता शिर हो या पांव।
हम नीम को पीपल नहीं बना सकते।
स्वाभिमानी आदमी को,
भय से झुका नहीं सकते।
तुम्हारा होना जितना आवश्यक है,
उतना ही प्रासंगिक है मेरा भी होना।
दुनिया को फर्क नहीं पड़ता,
किसी का हंसना या रोना।

तुम तुम्हारी तरह चहको,
अपनी बगिया में महको,
मुझे मेरी तरह खुशबू बिखेरने दो,
संकटों के आंधी उकेरने दो।
क्योंकि तुम तुम हो और मैं मैं हूं।
तुम हो घुमड़ते हुए बादल,
तो धरती का जल मैं हूं।
तुम तुम हो और मैं मैं हूं।

7. खरीदे बेंचें जाते हैं ! (व्यंग)

अब बाजारों में तकलीफें नहीं बिकतीं,
न खरीदीं जाती हैं उदासियां!
खरीदें बेचें जाते हैं ऐयाश!
सहेजी जाती हैं ऐयाशियां।

दुख दर्द अब पूंछे नहीं जाते,
मुंह फेर लेते हैं लोग,
असल जिंदगी से।
लोग छांटें जाते हैं,
उपयोगी अनुपयोगी में बांटे जाते हैं।
जैसे सुख सुविधा के सामान,
भोग विलास की वस्तुएं।

असुविधाओं का चलन बंद है,
संवेदनाएं मार दी जाती हैं!
मनुष्य बन गए हैं सजावटी,
नींव की ईंट नहीं मिलतीं,
न ही मिलते रेतमार कागज़,
लोहे में अब जंग नहीं लगती।

माना युग बदल गया है,
लोग भी बदल गये हैं,
किंतु नहीं बदली है हृदय की पीड़ा।
सुविधाएं बढ़ी हैं किन्तु संवेदना मरी नहीं हैं,

सहेजना होगा हमें तकलीफों को,
सुख सुविधाओं के साथ -साथ,
ताकि बना रहे हमारे ऊपर ईश्वर का हाथ।

29. मुझे समझना चाहते हो !

मुझे समझना चाहते हो !
तो पूछो उन बच्चों से जिन्हें मैं पढ़ाता हूं,
पूछो उन लोगों से जिन्हें मैं हंसाता हूं।
पूछो उनसे भी जो मेरे करीब हैं।
या उनसे जिनसे मेरे रिश्ते अजीब हैं।

उनसे भी पूछना जो मुझसे हैं नाराज़,
समझना चाहिए तुम्हें! मेरा कल और आज।
मुझे मेरी आहट से समझना चाहते हो,
या मेरी चाहत से समझना चाहते हो।
जानना चाहते हो मुझे या जानना नहीं चाहते!

तुम मेरी जुबान पकड़ना चाहते हो,
या मेरी स्वच्छंदता से लड़ना चाहते हो।
कि बस तुम हो सही और मैं ग़लत,
बस इसी बात पर अड़ना चाहते हो।।

मुझे समझना चाहते हो, तो समझो मेरे परिवार से,
मेरे घर से, आस पड़ोस से,
गरीबो और छोटों के साथ मेरे व्योहार से।
मेरे दोस्तों से मिलो, उनसे पूछो,
कि मैं हूं कितना गलत कितना सही,
क्योंकि किसी इंसान को समझना,
इतना सरल और आसान है नहीं।।

8. प्रारब्ध !

प्रारब्ध का पाप नहीं कटता,
बांटने से भी नहीं बंटता।
करो चाहे जितने यत्न या प्रयत्न!
असर उसका नहीं घटता।।

सोच ऊंची रखो ताकि ऐसे कष्ट
फिर आगे न सहना पड़े।
प्रारब्ध ही खराब है मेरा!
ऐसा न कहना पड़े।।

तकलीफें हों या ताने,
जाने या अंजाने।
जो भी सहना पड़े सहिए,
और आल इज वेल कहिए।
जो कुछ मिला है प्रभु से,
उसी पर खुश रहिए।

खुश रहना सीखिए!
भाग्य अपना खुद ही लिखिए।
आज नहीं तो कल,
जरूर मिलेगा फल,
किसी आदमी का न सही
परमात्मा का बल रखिए।

प्रारब्ध का पाप मिटे न मिटे,
पुण्य से श्राप कटे न कटे!
समय हंस हंसकर काटिए,
और समाज में खुशियां बांटिए।
जाने कब प्रारब्ध के पाप क्षीण हो जाएं,
और खुशियां आपकी हो जाएं।।

30. खुशियां यूं ही नहीं मिलती !

तुमने खेला होगा रंग या
रंगों के साथ खेला होगा।
तुमने जिया होगा जिंदगी!
या जिंदगी ने तुम्हें जिया होगा।
तुमने बांटी होगी खुशी,
या खुशियां तुम्हें मिली होंगी।

खुशियां हों या रंग, अच्छे तभी लगते हैं,
जब हो अपनों का संग।
खुशियां मांगने से नहीं मिलती,
न ही पेड़ पर फलतीं, उन्हें उगाना पड़ता है,
हरा भरा बनाना पड़ता है।

भरना पड़ता है रंग, रिश्तों की दीवारों पर,
भूलना पड़ता है द्वेष, छोटी छोटी तकरारों पर।
मिलना पड़ता है गले, होली पर, त्योहारों पर।
खुशियां यूं ही नहीं मिलती,
उन्हें सजाना होता है विचारों पर।।

9. चालबाज !

चोरों के शहर में साहुकार पिटते हैं।
शहर है बदनशीबों का,
यहां चालबाज बिकते हैं।
कलाबाजीयां जिन्हें नहीं आती,
ऐसे ईमानदार ईमान लिए छिपते हैं।

बेईमान तो चेहरे बदल लेते हैं,
और ईमानदार सच लिए चिपके है।
पहचान उनको नहीं राहगीरों की,
वो झूठा एहसान लिए बैठे हैं।

छुपे हैं चेहरों के अंदर कई चेहरे,
वो सच्चाई की जुबान लिए बैठे हैं।
यहां राक्षसों की पूरी होती हर मुरीद,
वो इकलौता भगवान लिए बैठे हैं।

31. सिखाओ चुप रहना !(व्यंग)

सिखाओ उन्हें चुप रहना!
झूठ को सच और सच को झूठ कहना।
तुम सिखाओ उन्हें चुप रहना!

आने वाली पीढ़ी को बना दो मूक,
कोई कह न सके गलत को ग़लत,
और सही को सही दो टूक।
सिखाओ उन्हें बातें बनाना,
बिना प्रेम का प्रेम और
बिना द्वेष का द्वेष दिखाना।

सिखाओ उन्हें इमली को आम,
और आम को इमली कहना।
सिखाओ उन्हें बिना काम का बोलना,
और जरूरत पड़े तो चुप रहना!
बनाओ बिना काम का काम,
चिकनी चुपड़ी बातें और तामझाम।

सिखाओ उन्हें बिना बात का रोना,
और बिना बात का हंसना।
सिखाओ उन्हें स्वार्थ में साथ रहना,
प्रसंशा में तुम्हारी जय जय कहना।
सिखाओ उन्हें चुप रहना!
झूठ को सच और सच को झूठ कहना।।

32. दवाइयां होती हैं कड़वी !

झूठ का झूठ, सच का सच!
अनावृत्त कर देता है वक्त।
अपेक्षा उपेक्षा से मुक्त
अकेला तपसी उन्मुक्त।
नकलीपन का जहर बहुत मीठा है,
सच कभी खट्टा कभी तीखा है।
कह झूठ को झूठ, सच को सच,
और नकली होने से बच।

मीठा अच्छा है मीठा खाइए,
किंतु मीठे का गुलाम न हो जाइए।
कड़वे का तिरस्कार नहीं किया जाता,
मीठे के हैं परहेज!
कड़वे का परहेज नहीं किया जाता।

करेला हो या नीम! देते हैं नीम हकीम।
दवाइयां अक्सर होती हैं कड़वी,
स्वास्थ्यवर्धक होती हैं कड़वी चीजें!
कड़वे पन से नहीं भागा जाता।
मीठा भी आवश्यक है खाते रहिये,
मीठे का गुण गाते रहिए।
खूब खाइए छेना और रबड़ी,
किंतु दवाइयां अक्सर होती है कड़वी।

10. इंतकाल !

एक दिन हमारा भी इंतकाल होगा!
तब भी तुम्हारा यही हाल होगा!
तुम्हारे चरणो मे थोड़ी ठंडक मिली थी
क्या जाने कि ऐसा बुरा हाल होगा!
गिरेंगे दांत एक दिन, हम बूढ़े होंगे !
मुंह भी चलेगा, मसूड़े भी होंगे,
चबाएंगे रोटी नहीं स्वाद होगा। एक दिन ..

सुना था सुदामा के आंसू के बदले,
कन्हा ने सब कुछ न्यौछावर किया था।
तब जो बहेंगे तुम्हारी आंखों से आंसू!
रोओगे तुम पर न मेरा साथ होगा ! एक दिन..

गर्दन हमारी भी झुकने लगी है,
फेफड़ों में सांसे भी रुकने लगी हैं।
न जाने कब ये कमर टूट जाए!
हमारी तुम्हारी डगर छूट जाए।
जरूर बहेंगे तुम्हारे अश्कों में आंसू !
शिकायत भी होगी शिकावा भी होगा।
मगर उसमें मेरा नहीं हांथ होगा। एक दिन..

बहारें सजेंगी, बड़े लोग होंगे।
सलीके भी होंगे, करीने भी होंगे।
जिसे तुम छुओगे वहीं खास होंगे।

वहीं होंगे अपने जो भी पास होंगे।
मगर मेरी चुप्पी और अकड़न न होगी।
रिश्तों में कोई जकड़न न होगी।।
न तुम साथ होंगे, न हम साथ होंगे। एक दिन..

होंगे तुम्हारे पास लोग काबिल,
मगर तेरे चरणों के पास हम न होंगे।
मेरी सारी बातों का एहसास होगा।
जब मेरा तुम्हारा नहीं साथ होगा। एक दिन...

33. किताबें सच बोलती हैं !

झूठ नहीं बोला जाता मुझसे,
कोशिश करता हूं झूठ बोलूं,
कुछ अपने कुछ परायों को,
अपने विश्वास में ले लूं।

साथ नहीं देता मेरा चेहरा,
न मेरी आंखें, न मेरी जुबान।
दुनियादारी नहीं आती मुझसे,
किसे कैसे बहलाऊं?
कैसे चक्रव्यूह में फंसाऊं?

समझ नहीं पा रहा अपने आपको,
कि मैं हूं पागल या अनजान।
खुद से भरोसा ही उठ रहा है।
कि मैं सही हूं या ग़लत!
इसी बात से रहता हूं परेशान।
बड़े भ्रम में हूं!
किताबें सच बोलती हैं या इंसान।।

11. खुश रहना सीखो !

दु:ख में भी खुश रहना सीखो,
अपमान को हंसकर सहना सीखों,
पेड़ों में भी पतझड़ फिर फल,
सदा एक सा रहना सीखो।

भले अभेद्य हो दु:ख का कारण,
कुछ न कुछ तो कहना सीखो,
परिवर्तन अकाट्य सत्य है,
मौसम के संग ढलना सीखो।

बाधाओं, दुर्गम राहों में...
धैर्य धार पग धरना सीखो,
जैसी भी हो कठिन परिस्थिति,
उसमें खुद ही ढलना सीखो।

आदर्श दूर लक्ष्य कठिन भले हो,
अविचल निरंतर चलना सीखो।
पी जाएं भले तुम्हें धरातल,
झरने सा नित बहना सीखो,
दु:ख में भी खुश रहना सीखो।

34. अहंकार से दूर !

अहंकार से दूर!
अनंत क्षितिज सुदूर।
ज्योतिरमय ईश्वर,
आनंद से भरपूर।

धूल सदृश काया,
सब ईश्वर की माया।
अंधकार को त्यागो,
गहन निद्रा से जागो।

विश्राम छोड़ श्रम पकड़ों,
ईश्वर के चरण जकड़ो।
पद प्रतिष्ठा और सुख,
सब ईश्वर के मुख।

किस बात का गुरूर,
जब सब होना ही है चूर।
नहीं करना किसी को मजबूर,
अहंकार से दूर!
अनंत क्षितिज सुदूर,
आनंद से भर पूर।।

12. सच बोलना अवगुण हैं !

जब कभी सोचता हूं!
कटुता भरे मन से,
बोली गई मधुर वाणी !
किसका भला करती है?
यथार्थ से दूर लंबे चौड़े वादे!
किसका पेट भरते हैं?

अगर मीठे बोल, मौन और अहिंसा!
जीवन के यथार्थ हैं!
तो क्या त्याग, तप और शौर्य
की गाथाएं व्यर्थ हैं!
निःस्वार्थ सेवा और सच!
अगर किसी के अधीन हैं,
तो क्या मानव सभ्यता आज भी मलीन है।

अगर सच बोलना अवगुण हैं,
तो क्या मीठे, बनावटी झूठे शब्द!
जीवन जीने के असली गुण हैं।
जहां तक मेरी समझ है!
सच तप है, त्याग का पर्याय है!
मीठे सच्चे शब्द अमृत के समान है।
किंतु झूठे बनावटी शब्द,
लोभ और कायरता के निशान हैं।

35. अपना काम करता रहूंगा।

मैं अपना काम करता रहूंगा।
देश के खातिर मरता रहूंगा।
मैं सच को सच और
झूठ को झूठ कहता रहूंगा।

जो मुझे करे प्रेम, मैं उसे प्रेम करता रहूंगा।
जो मुझसे करे छल, मैं उसे छलिया कहता रहूंगा।
मैं सच को सच और झूठ को झूठ कहता रहूंगा।
जो मुझे लेगा साथ मैं उसके साथ चलता रहूंगा।

कीमत चाहे लगे जितनी!
मैं मोमबत्ती जैसा पिघलता रहूंगा।
मैं सच को सच और झूठ को झूठ कहता रहूंगा।
बनकर देश का सिपाही,
मैं निरंतर चलता रहूंगा,
जितना भी बन सकेगा मुझसे,
मैं देश के खातिर गलता रहूंगा,
परिणाम की चिंता किए बिना,
हवा के झोंके सा मचलता रहूंगा।
मैं अपना काम करता रहूंगा।
मैं सच को सच और झूठ को झूठ कहता रहूंगा।।

13. शहर का इंतजाम !

तुम्हारे शहर का इंतजाम बेढंगा सा है!
सच हैं परेशान, झूठ चंगा सा है।
फूलते फलते हैं वहीं जो हैं चालबाज!
झूठ के हैं सौ कपड़े, सच नंगा सा है।

मौज मस्ती में है ईमान के कातिल!
घुट घुट कर है जीता, जो गंगा सा है।
तुम्हारे अपने हैं पराए, पराए अपने हैं।
किसे कहें अपना सब बहुरंगा सा है।

काश! तुम उनको अपने गले लगाते!
जीवन में जिनके सब बेरंगा सा है।
हैं वो भी वफादार जो लगते हैं पराए,
बात इतनी सी है, मिजाज बेढंगा सा है।

जो पहनें हैं कपड़े लगते हैं समझदार,
तासीर बेआबरू आगाज नंगा सा है।
शातिरों के घरों में बिछी है कालीन,
मुशाफिर हैं डरे शहर में दंगा सा है।

सजी हैं दीवारें, बज रहे गाजे बाजे,
महल मगर अंदर से गंदा सा है।
खुलेआम घूमते तेरे शहर में कातिल,
सच बोलना मगर यहां पंगा सा है। तुम्हारे शहर...

36. सुनना नहीं चाहते !(व्यंग)

तुम्हें सुनने की फुर्सत नहीं
या तुम सुनना नहीं चाहते!
तुम वाकिफ हो लाचारी से
या गुनना नहीं चाहते।।

तुम्हें कोई अपनी तकलीफ कैसे बताएं?
तुम हो इतने व्यस्त या मिलना नहीं चाहते।
तुमने जितनी भी पीड़ाएं सही हैं,
कहीं न कहीं किसी न किसी से कही है।
तुम उन्हें देना चाहते हो तकलीफ!
या पीड़ा किसी की सुनना नहीं चाहते।

तुम्हारे अपने जो तुम्हारे इशारे पर ,
नाच जाया करते हैं,
तुम्हें नहीं मालूम !
वो अपनी पीड़ा छिपाया करते हैं।
वो चाहते हैं तुम्हारी एक मुस्कान,
तुम्हारी मुस्कुराहटों में छिपा है
उनका पूरा जहान।

तुम्ही उनकी धरती हो,
तुम्ही हो आकाश।
इसलिए वो आना चाहते हैं तुम्हारे पास,
तुम छुपाना चाहते हो एहसास!

या फिर कुछ बताना नहीं चाहते।

तुम भूल गए हो मुस्कुराना
या मुस्कुराना नहीं चाहते।
तुम जानना नहीं चाहते दिल के राज,
या जताना नहीं चाहते।
तुम्हें सुनने की फुर्सत नहीं,
या तुम सुनना नहीं चाहते!

14. अकारण !

मन द्रवित हो उठता है, अचानक, अकारण !
टूट रहा हूं बिना स्वार्थ, बिना कारण।

दो दशकों से अधिक ,
बिना इच्छा बिना चाह।
चलता रहा हूं मैं, निर्बाध एक ही राह।
बिना डरे बिना रुके,
बिना टूटे बिना झुके,
चलता ही रहा हूं मैं, पीड़ा लिए अथाह।

उम्मीद कोहरा छंटने की,
पीड़ा सिमटने की, रोशनी बिखरने की,
और बादलों के छंटनी की।
अब नहीं दिखती, लौ जिसने जलाई थी
उन्हीं आंखों में रोशनी,अब नहीं दिखती।
दिखता है डर और अविश्वास,
नहीं दिखती कोई खुशी, कोई आस।

सताता रहता है परिहास,
उम्मीद नहीं दिखती, सवेरा होने की।
बना रहता है डर किसी को खोने की।
खो जाना चाहता हूं स्वयं,
बिना किसी को खोए, बिना हंसे बिना रोएं।
बिना उम्मीद बिना अनुराग संजोए।

नहीं बनना चाहता किसी के मार्ग डर,
लौटना चाहता हूं घर,
जहां न हों दुविधाएं अकारण,
जहां न बनूं किसी के दुख का कारण।।

37. सरल है हार जान !

सरल है हार जाना ।
कठिन है डटे रहना,
मुकाबला करना,
उम्मीदो पर खरा उतरना ।

सरल है विचारों को कुचलना,
किंतु कठिन दूसरों को जीतना ।
सरल है अंधेरे मे दीपक जलाना,
किंतु कठिन है अंधकार को हराना ।

सरल है हार जाना !
कठिन है विश्वास जीतना।
सरल है जीत की चाह रखना,
पर कठिन है धैर्य रखना।

सरल है हार जाना,
किंतु कठिन है अडिग रहना।
सरल है आंसू बहाना,
पर कठिन है खिलखिलाना ।

15. फितरतें !

आदर्शवादी पुस्तकें पढ़कर,
सब कुछ नहीं सीखा जा सकता!
जिंदगी के रेस में,
भावनाओं के आवेग में,
हारना भी जरूरी है।
वरना भाग्य ही मजबूरी है।

गांधी, विवेकानंद या सुभाष!
पूरी नहीं कर सकते सारी आस,
जानना समझना होगा उन्हें भी,
जो हैं हमारे खिलाफ!
और मिलना होगा गले,
उसी अदब के साथ।

जानना होगा उनकी फितरतें,
उनकी चालें।
निष्कलंक चलना आसान नहीं है,
जिंदगी में अक्सर पड़ेगे उनसे पाले।

38. नींव का पत्थर ।

नीवं का पत्थर बनना,
आसान नहीं होता,
नीव नहीं होती,
तो भवन नहीं होता।।

बनाए हैं उसने कई गुलफाम,
बात इतनी है कि वह आज भी गुमनाम,
उसे क्या मिला?
सच पूछती है आवाम।

हर कोई स्वार्थी नहीं होता,
कोई ऐसा भी तो हो ,
जो भार को ढोता।
अभी जो पैदल चले हैं,
उनमें बड़ा जोश होगा,
एहसास तब होगा,
जब रास्ता बड़ा होगा।

तुम बद दुआ करो, मैं दुआ करूंगा,
तुम छुओ आसमां...
मैं पत्थर हूं नीव का,
जमीं पर ही पड़ा रहूंगा।

16. जीवन खुद ही बुनता।

अपने जीवन से कुछ चुनता,
अपना जीवन खुद ही बुनता।
कहां किसी की कोई सुनता!
ना ही कोई किसी को गुनता।

कहीं हार तो कहीं जीत है,
कहीं द्वेष तो कहीं प्रीत है।
दुनिया किसकी, कौन है अपना!
अपने टूटे टूटा सपना,
सदियों से तो यही रीति है।

बलि की बेदी किसे चढ़ाएं!
कोई आगे आए अपना।
सभी लगे हैं हानि लाभ में,
नही कोई दूजे की सुनता,
अपने जीवन से कुछ चुनता,
अपना जीवन खुद बुनता।।

39. अकारण।

मन द्रवित हो उठता है,
अचानक, अकारण!
टूट रहा हूं मैं ,
बिना स्वार्थ, बिना कारण।

दो दशकों से अधिक, बिना इच्छा बिना चाह।
चलता रहा हूं मैं, निर्बाध एक ही राह।
बिना डरे बिना रुके, बिना टूटे बिना झुके,
चलता ही रहा हूं मैं, पीड़ा लिए अथाह।

उम्मीद कोहरा छंटने की, पीड़ा सिमटने की।
रोशनी बिखरने की, बादलों के छंटनी की।
दिखाई नहीं देती, रोशनी जिसने जलाई थी,
उन आंखों में उम्मीदें जिसने लगाई थी।।

दिखता है डर और अविश्वास,
नहीं दिखती कोई खुशी, कोई आस।
सताता रहता है परिहास,
दिखती नहीं उम्मीद, न एहसास,
बना रहता है डर और अविश्वास।

खो जाना चाहता हूं स्वयं,
बिना किसी को खोए,
होना चाहता हूं चुप, बिना हंसे बिना रोएं।

करना चाहता हूं प्रेम,
बिना उम्मीद या अनुराग संजोए।
नहीं बनना चाहता किसी के मार्ग का डर,
लौटना चाहता हूं अपने घर,
जहां न हों दुविधाएं अकारण,
जहां न बनूं किसी के दुख का कारण।।

40. तमस का उर फाड़ते।

देखा है उजियारे को,
तमस का उर फाड़ते,
और नकारात्मकता को,
सकारात्मकता से हारते,
किंतु सच जीने वालों को,
देखा है सच से पल्ला झाड़ते।
और निरापद लोगों का,
पक्षपात के राग अलापते।
देखा है बहुत से लोगों को,
परिस्थितियों से हार- टूटकर,
जीवन में अवसान झांकते।

लेकिन जीवन इनसे ऊपर,
अंधियारे की धूल झाड़कर
कठिनाई को चीर फड़कर,
देखा है पथिकों को,
कदम निरंतर आगे बढ़ते,
हार जीत को झुठलाकर,
कर्मवीर हैं शिखर पर चढ़ते,
अवरोधों को चूर चूर कर,
शूरवीर इतिहास हैं गढ़ते।
देखा है उजियारे को,
तमस का उर फाड़ते।

17. सरोकार।

कभी लगता है दुनिया,
अहंकार से चलती है,
कभी लगता है दुनिया,
कारोबार से चलती है,
किंतु दुनिया न अहंकार से चलती है,
न कारोबार से चलती है,
और न तकरार से चलती है,
दुनिया तो बस सरोकार से चलती है।
इस बीच में पिसता है वह आदमी,
जिसे लगता है कि दुनिया,
प्यार से चलती है।

बड़े भोले हैं वो लोग,
जो उन पर विश्वास करते हैं,
ठगे जाते हैं वो सबसे ज्यादा,
जो ईमान की बात करते हैं।
जो बात करते हैं ईमान की,
कीमत नहीं करते किसी जान की।
चेहरों के अंदर छिपे जो चेहरे हैं,
देते घाव बड़े गहरे है।
दुनिया न पहचान से चलती है,
न अभिमान से चलती है,
ये दुनिया ही है दुनिया का आधार,
और यह परोपकार से चलती है।।

41. नहीं जानता कोई अर्जुन !

आप आज है, आज हूं मैं भी ।
आप हैं सूरज, तो चांद हूं मैं भी।
कौन जानता क्या कल होगा?
कौन बचेगा रणभूमि में?
कौन किसका बल होगा।

जो करना है आज ही कर लें,
जीवन होगा या मरण होगा।
नहीं जानता कोई अर्जुन!
कब लाक्षागृह में छल होगा।

आज आपके हांथ बाण है!
क्या ये हरदम हरपल होगा?
जीवन है रण, आप पुरोधा!
संघर्ष यहां प्रतिपल होगा।

समय काटते रहना ही क्या?
जीवन का अंतिम हल होगा।
आज के जैसा सुंदरतम,
सदा नहीं ये कल होगा।
आज आप हैं, आज हूं मैं भी!
क्या यह शाश्वत बल होगा?

18. यह तो नहीं कहा था !

मैंने यह तो नहीं कहा था,
मैं अपनी ही धार बहा था।
खुद अपनी उलझन में सिमटा,
मन को अपने थाह रहा था।
मैंने यह तो नहीं कहा था।

तुम कब आओगे दुख हरने,
या मृत काया पर पुष्प रखने,
क्या दुख हमने नहीं सहा था,
या अश्रु नयन से नहीं बहा था।
मैंने यह तो नहीं कहा था।

जब कोई न रहा साथ में,
उस छाती को शीतल करने।
तनकर तब भी मैं खड़ा था,
कि तुम छोटे और मैं बड़ा था।
मैंने यह तो नहीं कहा था।।

दुनिया उम्मीदों की साथी,
भूखा कब तक रहेगा हांथी।
भूख मिटाने तुम आओगे,
होंठ मिलाकर मुस्कराओगे।
मैंने यह तो नहीं कहा था।

लेकिन तेरी राह जोहता,
विस्मय पथ मैं देख रहा था,
कोई अपना है मेरा भी!
ऐसा सपना नहीं खड़ा था।
मैंने यह तो नहीं कहा था।।

42. विद्रोही !

विद्रोही बनो परमार्थ के लिए,
विद्रोही बनो यथार्थ के लिए,
विद्रोही होना जरूरी है!
देश के लिए, सत्यार्थ के लिए।
किंतु विद्रोही नहीं बनना कभी,
निज स्वार्थ के लिए।

विद्रोह करो अपनेपन से,
विद्रोह जरूरी है सूनेपन से,
विद्रोह करो झूठ से, छल से।
किंतु विद्रोह उचित नहीं निर्बल से।

विद्रोही होना जरूरी है,
गलत परंपराओं का।
विद्रोही होना जरूरी है,
बेधर्मी आकाओं का।
विद्रोह पाप नही वात्सल्य है,
समाज के अपनेपन का।
विद्रोह निष्कर्ष है जीवन का।

विद्रोह जीवित होने का सबूत है।
विद्रोह शाश्वत है, ताबूत है।
विद्रोही बनो प्रेम पाने के लिए।
विद्रोही बनो कुछ बनाने के लिए।

विद्रोहियों का भी सुखद इतिहास है।
विद्रोह सबके अंदर है, सबके साथ है।
विद्रोह विनाश नहीं, मीठा एहसास है,
क्योंकि विद्रोह अंतर्मन का प्रकाश है।

19. रामराज !

यहां सच्ची बात छुपाना बड़ा मुश्किल है।
वहां सच्ची बात बताना बड़ा मुश्किल है।
निकले तो थे सच के रहनुमा बनकर!
जहां सच्ची बात जताना बड़ा मुश्किल है।

बैठे हों जहां झूठ के खरीदार अनेकों,
वहां सच की दुकान चलाना बड़ा मुश्किल है।
जिन्हें हो आदत झूठे पकवान खाने की,
वहां सच्ची बात पचा पाना बड़ा मुश्किल है।

सच की आंच से झुलस न जाएं कई चेहरे !
यहां रामराज बना पाना बड़ा मुश्किल है।
पुरानी नींव पर बड़ी इमारतें खडी़ नहीं होतीं !
बंजर भूमि हो जहां पेड़ उगाना बडा़ मुश्किल है।

गुलाब की पुरानी डालो को छांटा जाता है,
सुंदर खिलें फूल तो डाल को काटा जाता है,
बोए पेड़ बबूल का तो आम नहीं आते !
खट्टा हों फल जब तो मिठास बड़ी मुश्किल है।।

43. नयी शुरुआत !

किसी के साथ एकांत में,
शांत मन और अक्रांत में।
बैठना चाहता हूं शून्यवत।
करना चाहता हूं नयी शुरुआत,
चाहे दिन हो या रात।

जिंदगी में भरना चाहता हूं आस,
और रिश्तों में मिठास।, भूलकर सारी बंदगी,
करना चाहता हूं नयी शुरूआत।

जिंदगी में रहे भरोसे की मिठास,
इस विस्वास में मरना चाहता हूं।
जैस पेडों के कट जाने से नई कोपलें आती हैं।
नयी उम्मीदें, नयी शाखाओं को लाती हैं।
ठीक वैसा ही अधकटा सा मैं,
पूरा अलग होना चाहता हूं।

मुक्त होना चाहता हूं वादों से,
शशक्त इरादे भरना चाहता हूं।
तोड़कर सारे चक्रव्यूह!
नयी आगाज़ करना चाहता हूं।
किसी के साथ एकांत में, निश्चय और नितांत में,
बैठना चाहता हूं शून्यवत,
करना चाहता हूं नयी शुरुआत।।

20. हलाहल !

चारों तरफ कोलाहल है,
दिल में छिपा हलाहल है,
सुख की दरिया दुख के समुंदर,
दुनिया में बस छल ही छल है।

विरले ही कोई मिल जाते हैं
जिसका आंचल निर्मल है,
वरना धूप छांव की दुनिया,
आज नहीं जो वो कल है।।

कालिख पोतें क्या खुद अपने,
कौन यहां पर निश्छल है।
सब कुछ बांह समेटे फिरता,
जीवन क्या ये गंगाजल है?

आज अंधेरा कल खुशहाली,
धूप बिना क्या है हरियाली,
लेकिन मन को कौन समेटे,
जो प्रतिपल ही चंचल है।
ईश्वर का ही एक सहारा,
वही तो निर्बल का बल है।

44. मौत से जीवन बड़ा !

मौत नहीं जीवन बड़ा था!
ईश्वर तुम्हारे साथ खड़ा था।
तुम उलझे रहे मझधार में,
रोते रहे बेकार में!
जो होना था हो गया,
जो नहीं होना था नहीं हुआ!
ईश्वर के सिवा कुछ नहीं संसार में।

जब तुम डूब रहे थे,
जिंदगी से ऊब रहे थे,
ईश्वर तुम्हारे साथ था,
तुम्हारे सिर पर ईश्वर का हांथ था।
तुम्हें तुमने नहीं, ईश्वर ने बचाया है!
वरना ईश्वर की मार के आगे,
कहां कोई बच पाया है।

तुम जब रो रहे थे, वह सुन रहा था,
सुन रुदन की धुन, वह गुन रहा था।
तुम्हारी राह के कांटे वह चुन रहा था,
तुम्हारे लिए वह खुशियां बुन रहा था।
तुम जहां भी थे, पीछे वह खड़ा था।
तुम आज जो भी हो उसी ने बनाया है,
केवल ईश्वर है सच, शेष सब माया है।

जब तुम दर्द से कराह रहे थे,
मुश्किलों से घबराकर आह भर रहे थे,
जिंदगी में आगे अड़चनें हैं बहुत,
ईश्वर तुम्हें आगाह कर रहे थे।
मृत्यु के द्वार से तुमको निकाल,
कठिनाइयों से लड़ने की चाह भर रहें थे।

जब तुम लड़खड़ाते थे,
करुं न करूं डगमगाते थे,
जिऊं या मरूं दिन चिंता में बिताते थे,
वह सहारा देने, तुम्हारे पीछे पड़ा था,
मौत नहीं जीवन बड़ा था!
ईश्वर तुम्हारे साथ खड़ा था।

21. अहंकार !

रावण को लगा नहीं,
वह कभी हारेगा,
पर क्या रावण,
राम को मारेगा!

एक से एक योद्धा,
लड़ते गए, मरते गए!
हुए वही यशस्वी,
जो पीछे निहारते गए,
और कमियां अपनी
निरंतर सुधारते गए।

जब नींव हो जाती है खोखली,
बड़े से बड़ा भवन भी,
एक झटके में गिरता है।
आदमी अपनी कमजोरी से नहीं,
अपने अहंकार से मरता है।

जो होगा विश्व विजयी,
वह भी कभी हारेगा।
रावण को लगा नहीं,
वह भी कभी हारेगा।।

45. कठिन परिस्थिति से लड़ना है।

कठिन परिस्थिति से लड़ना है,
धीरे धीरे आगे बढ़ना है।
बचा कौन है मुश्किल पल से?
निशा निराशा से बचना है।
हम जीतेंगे, हम जीतेंगे!
साहस भरकर नित कहना है,
कठिन परिस्थिति से लड़ना है।।

घोर निराशा को मानव ने,
बार बार है धूल चटाई,
कोई उसको रोक न पाया,
चाहे जितनी बड़ी हो खाई।
कंकड़ पत्थर जोड़ जोड़कर,
जिसने सुंदर वास्तु बनाई,
हार नहीं सकता वो खुद से,
विश्वास सदा मन में भरना है।
कठिन परिस्थिति से लड़ना है।।

दुख तो पतझड़ है पेड़ों सा,
नयी कोपलें फिर आएंगी।
कठिन परिस्थिति नव अवसर है,
दुख की सिलवट मिट जाएगी।
उठकर तुमतो शौर्य बटोरो,
खुशियां झोली भर जाएंगी।

छोड़ निराशा के दामन को,
फूलों जैसे फिर खिलना है।।
कठिन परिस्थिति से लड़ना है।।

आना जाना रोना हंसना,
सब कुछ है श्रृंगार प्रकृति के,
प्रलयंकर के आ जाने से,
धैर्यवान को क्या होता है?
जब कुछ मिटता है धरती पर,
नव उत्कर्ष तभी होता है।
तुमको साहस हृदय धारकर,
प्रतिपल आगे बढ़ते रहना है,
कठिन परिस्थिति से लड़ना है।

लहरों का ठहराव ही लहरों के,
सृजन का कारण होता है।
होंठों के रुकने चलने से,
शब्दों का उच्चारण होता है।
पौरुष दिवस भले जगता है
रजनी आने पर सोता है।
तुमको सूरज और चांद सा,
अडिग निरंतर चलते रहना है।
कठिन परिस्थिति से लड़ना है।।

22. जज़्बात !

यादों का क्या है, वादों का क्या!
मिलना बिछड़ना इरादों का क्या?
कब तुम्हे छोड़ देंगे, कब ये ज़मीं!
इन रातों का क्या है, बातों का क्या?

हजारों बरस में यही बात सीखी,
जुदा जब भी होंगे रहे हाथ मिट्टी,
मिट्टी ही सच है, वैभव सारा झूठा,
रिश्ता भी हमारा तुम्हारा ये झूठा!
रिश्तों का क्या है, जज्बातों का क्या?

कहां कौन सच्चा, कहां कौन झूठा,
सच एक ईश्वर, संसार पूरा झूठा,
कुपित न किसी से, न कोई रूठा,
फल कुछ नहीं है खड़ा पेड़ ठूंठा।

ईश्वर तुम्हारी ही एक शरण है,
जीवन का होता प्रतिदिन क्षरण है।
बातों का क्या है, नातों का क्या?
अंधेरों में क्या है, उजालों का क्या?
यादों का क्या है, वादों का क्या?

46. नाथ तेरा ही भजन गाऊं।

हे नाथ तुझसे मांगता मै !
आज बस इतनी दया,
जो काम मुझसे ले सको लो,
किंतु हंसता ही रहूं मैं सदा।

मिट जाए वजूद लेकिन,
दीन दुखियों के काम आऊं।
हो भले कैसी परिस्थिति,
नाथ तेरा भजन गाऊं।

तुझसे ही, खुशबू जीवन की,
जनम, मरण तेरी माया।
जीवन का संग्राम न हारूं,
हे ईश्वर! तेरा रज धारूं।
मौत भी आए, उसे हराऊं,
तेरे चरणों शीश झुकाऊं।
और बनी रहे तेरी छाया।

हे नाथ तुझसे मांगता मै,
आज बस इतनी दया,
कि मुश्किलों में न घबराऊं,
आपके ही नित गुण गाऊं,
जीत हो सत्य की हो सदा,
और बनी रहे तेरी छाया।।

47. सच को मिटा दो ! (व्यंग)

ऐसा करो, सच को मिटा दो!
सच की महता जो वर्णित है पुस्तकों में,
उसको हटा दो!
बसाओं झूठ और फरेब की एक दुनिया!
गुण्डो को सारे मालिक बना दो।

जो भी करें न्याय की बातें,
उसे मौत की सजा दो।
धोखे से भी कोई आम को आम,
और इमली को इमली कहने न पाए,
जो बोले आम खट्टे हैं,
उसकी चीभ कटवा दो।

यह सच ही है सारे बातों की मुशीबत,
सच को शब्दकोश से हटा दो।
झूठ की करो खेती,
भोजन झूठा ही करा दो।
सत्य का रहे न नामो निशान,
सच को इस दुनिया से,
इस कदर मिटा दो।

बन जाओ झूठ के शहंशाह!
फिर इस दुनिया का पूरा मजा लो।
तब शायद समझ पाओ,

सत्य की जरूरत!
बात निकले झूठ तो मुझको सजा दो,
इसलिए कहता हूं,
झूठ दुनिया को मिटा दे,
उससे पहले तुम झूठ को मिटा दो।।

48. छलावा !

तुमसे दूर है! वो लोग जो साफ बोलते हैं,
दिल में कुछ नहीं रखते!
वो लोग जो किसी की,
तकलीफ में दौड़ पड़ते हैं ।
बोलते हैं जो, वही करते हैं।
वो लोग जो देश की उन्नति में,
बिना कहे बिना बोले लगे रहते हैं।

तुमसे दूर हैं! वो लोग जो नहीं जानते,
किसी प्रकार का स्वार्थ या छल,
वो लोग जिनके पास नहीं है धन और बल,
वो लोग जिन्हें फर्क नहीं, आज हो या कल,
वो लोग जो सच को जीते हैं हर पल।

झूठे और मक्कार लोगों को,
तुम अपने साथ बैठा सकते हो।
जो तुम्हारे पीछे तुम्हारी जड़ें काटें,
तुम उन्हें भी अपना बना सकते हो,
जो एकता के नाम पर झूठ के बीज बांटें,
तुम उन्हें गले लगा सकते हो।
जिनमें हो बनावटी पन और जिनके पास है गन,
तुम उन्हें अपनी सुरक्षा में लगा सकते हो।
किंतु स्पष्ट और सच्चे लोग तुम्हे स्वीकार्य नहीं!

अफसोस! सच स्वीकारने के अलावा,
तुम सब कुछ स्वीकार सकते हो।
यह प्रेम है या कि छलावा!
कि तुम सच को झुठला सकते हो।।

काश! तुमने कभी देश की सत्ता,
सच्चे लोगों को दी होती।
तो आज यह दुविधा तुम्हारे मन में,
कभी नहीं होती।

49. क्षमा।

क्षमा श्रेष्ठ है!
सीखना चाहिए क्षमा करना,
खुश रहना व खुश रखना।
अशर्त प्रेम व कर्तव्य करना।

श्रेष्ठ है तार्किक होना,
और उससे भी श्रेष्ठ है,
जानकर अनजान होना।
श्रेष्ठ है दया करना !
और उससे भी श्रेष्ठ है,
क्रोध न करना, क्षोभ न करना।
श्रेष्ठ है संतोषी होना!
और उससे भी श्रेष्ठ है,
वंचित रहकर खुश होना।

श्रेष्ठ है दुखी न होना,
किंतु उससे भी श्रेष्ठ है,
दुख मे विचलित न होना।
श्रेष्ठ है उदार होना,
किंतु सबसे श्रेष्ठ है!
क्षमाशील होना।।

50. दोस्ती में भी कशिश है !

कुछ विरले लोग,
जो निश्छल और निराले लगते हैं।
वक्त ने करवट यूं बदली,
अपने भी पराए लगते हैं।

दोस्ती में भी कशिश है, बू है,
कि मैं, मै हूं, तूं, तूं है।
कभी दोस्त, तो कभी,
दुश्मन की तरह मिलते हैं।
यहां लोग कई कई चेहरे लिए फिरते हैं।

बूंद-बूंद और शब्द शब्द का हिसाब है,
उनके हर लहजे में सवाल है।
अनुत्तरित, अनसुलझे से हैं जो लोग !
"मौन" उनको एक छोटा सा जवाब है।

जो सहज हैं, निर्विवाद हैं,
वही आत्मीय और प्यारे लगते हैं,
जो बनते हैं बेगाने वह भी,
रिश्तों में हमारे लगते हैं।

51. झूठ कहूं या सच बोलूं !

(ग़ज़ल)

झूठ का नंगा खेल देखता,
बैठा हूं मैं जल के तीरे,
आंख मे आंसू भरकर के मै,
हंसता जाता धीरे धीरे।
झूठ कहूं या सच बोलूं मैं
कसक भरी है मन मे मेरे।
झूठ का नंगा खेल देखता...

क्या सच, क्या शिव क्या है सुंदर,
बिलख रहा सच उर के अंदर।
झूठ को झूठ से मैं मारूं या,
लुट जाऊं मैं हाथ लुटेरे।
डूब गया क्या सूरज जग से,
या सच को है बादल घेरे।
झूठ का नंगा खेल देखता...

रह रहकर है टीस निकलती,
चुभ जाती है दिल को मेरे।
क्या ईश्वर क्या देव धरम जब
नंगा नाचें चोर लुटेरे।
झूठ का नंगा खेल देखता...

www.ingramcontent.com/pod-product-compliance
Lightning Source LLC
LaVergne TN
LVHW022023200926
848481LV00007B/2517
9781807150167